Au large des objets perdus

Du même auteur

Hé! suivi de *Icônes,* Sudbury, Éditions Prise de parole, 2010.
Même un détour serait correct, Sudbury, Éditions Prise de parole, 2006.
Un journal de voyage intitulé BLOG79, projet en ligne, http://www.dandatadugas.com/intro_blog.html, 2004.
Avec Valerie LeBlanc, *In transit*, Shemogue (N.-B.), BHP Chapbooks, 1999.
La limite élastique, Moncton, Éditions Perce-Neige, 1998.
Trinités, Shemogue (N.-B.), BHP Chapbooks, 1998.
Le bruit des choses, Moncton, Éditions Perce-Neige, 1998.
Les bibelots de tungstène, Moncton, Éditions Michel-Henri, 1989.
L'hara-kiri de Santa-Gougouna, Moncton, Éditions Perce-Neige, 1983.
Collectif, *Conjunction — Calgary Stroll Anthology*, Calgary, The Society of Poets, Bards & Storytellers, 2002.

Cinquante exemplaires de cet ouvrage ont été numérotés et signés par l'auteur.

Daniel Dugas

Au large des objets perdus

Poésie

Éditions Prise de parole
Sudbury 2011

Catalogage avant publication de Bibliothèque et Archives Canada

Dugas, Daniel, 1959-
Au large des objets perdus : poésie / Daniel Dugas.
Publ. aussi en format électronique.
ISBN 978-2-89423-270-5
I. Titre.
PS8557.U325A68 2011 C841'.54 C2011-906281-X

Dugas, Daniel, 1959-
Au large des objets perdus [ressource électronique] : poésie / Daniel Dugas.
Monographie électronique en format PDF.
Publ. aussi en format imprimé.
ISBN 978-2-89423-440-2
I. Titre.
PS8557.U325A68 2011a C841'.54 C2011-906282-8

Diffusion au Canada : Dimédia

Prise de parole

Ancrées dans le Nouvel-Ontario, les Éditions Prise de parole appuient les auteurs et les créateurs d'expression et de culture françaises au Canada, en privilégiant des œuvres de facture contemporaine.

La maison d'édition remercie le Conseil des Arts de l'Ontario, le Conseil des Arts du Canada, le Patrimoine canadien (programme Développement des communautés de langue officielle et Fonds du livre du Canada) et la Ville du Grand Sudbury de leur appui financier.

ONTARIO ARTS COUNCIL
CONSEIL DES ARTS DE L'ONTARIO

Conseil des Arts du Canada
Canada Council for the Arts

Patrimoine canadien
Canadian Heritage

oui/sudbury.ca

Œuvre en page de couverture : Daniel Dugas, *Sous le radar*, image numérique, 2010
Conception de la couverture : Olivier Lasser

Imprimé au Canada.

Éditions Prise de parole
C.P. 550, Sudbury (Ontario) Canada P3E 4R2
www.prisedeparole.ca

ISBN 978-2-89423-270-5 (Papier)
ISBN 978-2-89423-440-2 (Interactif)

à mon ami
Robert!
Ça roule!

à Tiger

[illegible]

le 16 mars 2018
Sudbury

mouvance
toujours plus loin dites-vous
jusqu'au bout du monde
le voyage le déplacement
toujours plus loin
et le bout du monde est bleu
are you going with me

Gérald Leblanc
Lieux transitoires, 1986

Comment vivre sans inconnu devant soi ?

René Char
Fureur et Mystère, 1948

Prologue

la courbe

des sentiers
des chemins
des routes
tendus au travers des forêts
tissés entre les villes
et le monde des mondes

banderoles de terre
zigzags de cailloux
d'asphalte compacté
d'herbe aplatie
qui mènent à la fête
ramènent chez soi

chemins d'accès
qui n'en finissent plus d'exister
d'apparaître

passages
sans commencement
ni fin

je prends la route des raccourcis
des voies rapides
courants-jets
qui enlacent la planète

j'avance dans la lumière
dans l'allée du possible

faisant fi des voix GPS
qui harcèlent la réalité
et abaissent avec violence
les limites du possible
les frontières du delà

la route prise le matin
laissée le soir
une randonnée
interminable

au fur et à mesure
la piste s'invente des ramifications
des rhizomes étonnants

les germes aléatoires
deviennent les balises
les marqueurs
les enseignes de l'horizon

la courbe de l'inconnu
s'allonge ingénue
s'étire infinie
se brouille
devient imprécise
se divise sous chaque pas
se dérobe en croisées magnifiques
en plein milieu du trajet

soudainement

l'inattendu

surgit des buissons

Marche

point de passage

j'attends à l'affût
en retrait
la piste discrète
qui s'ouvrira
probablement
éventuellement

la route
point de passage
itinéraire du peut-être
caravansérail de l'*in extremis*

je guette
la limite qui se plie
l'horizon suspendu
le dernier droit des voyageurs
la dernière dérive de la liberté

derrière

le cul-de-sac
trompe-l'oeil du voyage

devant

la route temps-moderne
où Chaplin marche avec Goddard

les sentiers célestes

je marche sur les sentiers
battus de la ville
en bordure des lampes sulfures
soleils de mer derniers soupirs

sous le reflet des bornes célestes
au-delà des tentacules électriques
des satellites passent au ralenti
dans les filets du néant

je marche sur cette route fugitive
ce fil de fer
tendu entre deux villes
deux êtres

je respire à pleins poumons
la quiétude de chaque instant
fais le point
sur l'abscisse

une automobile passe en trombe
un nuage de poussière
m'enveloppe
je ferme les yeux
détournant la tête
une main bouclier sur le visage
en attendant le retour de l'horizon

la tornade se disperse
le coucher de soleil
est de plus en plus beau
de plus en plus intense

les lampes
n'ont pas cessé de bourdonner
des nuages d'insectes
logos atomiques
en pleine fusion
tournent autour des planètes-essaims

le bruit de leurs ailes
s'entrechoque
leurs respirations saccadées
ponctuent la mienne

je les rejoins
autour des feux d'artifices

dérapage vagabond

les sentiers-varices s'étendent
sur les jambes des cartes géographiques
se joignent à d'autres
infrastructures de la fuite
réseaux d'exubérance
dispersions désordonnées

la carte
immense
attise mon désir curieux
qui s'enfonce dans ses plis
ses replis
s'enroule dans sa légende
son échelle de grandeur

je deviens les centimètres
de chaque artère
les millimètres
de chaque veine

sur les côtés
dans les buissons
des couleuvres glissent
se dérobent sous les feuilles
elles s'enfuient devant l'avance
du mappage des données
du dérapage vagabond

s'enfoncent dans des caves de racines
des lits d'humus trempés
où elles seront en paix

le bruit s'estompe
fondu graduel
retour du silence

je me fraie un chemin
dans les montagnes de gravois

le bruit
des cailloux
qui s'entrechoquent
rappelle le son des maracas
un train qui traverse la nuit

mes pieds recouverts de pruine
mes pas de poussière
traînent dans la mouvance
il est trop tard pour rebrousser chemin
trop loin pour ne pas continuer

dans le rétroviseur de ma mémoire
le point de départ de l'avenir
s'éclipse
en silence
devant l'inconnu

cancan topographique

le soleil se lève
au bout de la route
je ferme les yeux à demi
la lumière latente
moule chaque forme
brusquement

les belles jambes de la géographie
dansent dans les rondeurs du voyage
les muscles de l'errance
se contractent dans l'euphorie d'exister
je me dépoussière
m'apprête à continuer

la lumière
inonde le carnet de voyage
éblouit le bout du crayon
s'écrase au bout des mots
qui tentent de traduire
le cancan topographique
le carcan toponymique

je suis carte-surprise
devant le soleil
enfant-cowboy
avec un fusil de plastique
j'ai la gâchette nerveuse
l'esprit carabin
devant un monde armé jusqu'aux dents

la lumière se déplie
je suis encerclé

le seuil du réel

dans la lenteur de la marche
mon œil paresseux
s'accroche à tout
au sentier tortueux
au rythme des pas
qui brossent la poussière
au flux des pensées
qui s'envolent débridées
dans la cage ouverte du monde

j'emprunte la piste
et trouve à la bordure
à la lisière du possible
le seuil du réel
du seul réel

l'œil de la nuit et l'œil du jour

l'espoir est un antigel
dans le combat
contre le froid
le vent
la neige
une guérilla violente
une lutte sans fin

le rêve de survivre
me propulse vers l'avant
les pas-catapulte
me forcent à m'affranchir
des paysages dévastés par l'hiver

le rêve de survivre
un pas devant
oui c'est ça
un pas
loin de cette immensité recouverte de saleté

dans ce monde de boue
le regard est anticoagulant
ne pas fermer l'œil la nuit
ni s'inquiéter de son regard
attendre le retour du jour

respirer le possible

le talon effleure la route
c'est la caresse du désir
d'aller tout droit
sans détour
de marcher
survoler
respirer le possible
de laisser derrière
les rêves accidentés
qui montent en fumée
de sortir indemne du carambolage quotidien
de s'en aller loin de la boucane
qui noircit les murs de la joie
empeste le toit
des arrêts d'autobus
de partir loin des slogans
faits à la suie des chandelles
de devenir un miraculé
un survivant de l'avenir
c'est le toucher du désir
d'abandonner
illusion
certitude

le talon effleure la route
à peine sans peine
c'est facile
de regarder derrière
de s'étonner d'avancer

de s'en aller
loin des décombres
des amas de misère
du poids de la déception

mon talon touche la route
je vois les rêves de la vie
étendus de chaque côté
le long de la rivière qui me traverse

de l'autoroute qui me transperce

je vois les rêves-bikinis
bronzer au soleil
danser joyeux d'exister
nonchalants

escarbilles

je repasse sur les sentiers troubles
les sentiers lumineux
mal éclairés
à la recherche
d'un objet peut-être perdu

je refais à reculons
les yeux bandés
à genoux pourquoi pas
en rampant sur le dos
si c'est possible
les passages difficiles

devant
une étincelle de vie
son baluchon inflammable
illumine le chemin
je la suis

passeport

un pied devant
le bruit des pas
à l'amble de l'envie de vivre
le rythme d'aller
une machine
qu'on ne peut arrêter
direction futur
sur la voie des piétons
la voix extra des piétons
qui s'époumonent à danser
me propulse
m'entraîne

je vais
sur la route passeport

errance

aller au hasard
sous les étoiles
en équilibre sur le sentier
au-dessus des gorges de la nuit
de l'inconnu qui a avalé les côtés

la route s'étend
comme un corps nu
sur une plage abandonnée

je puise
dans l'idée du repos
l'énergie du mouvement
cherche
un raccourci
une clairière
où je pourrais m'allonger

demi-jour

je marche d'hésitation en hésitation
dans la pénombre des pentes glissantes
mes pieds-télescope
tâtent dans la noirceur
les contours fuyants
mal éclairés du futur
du passage qui se resserre

j'esquive les écueils de la nuit
les éboulis de la vie
des monuments aveugles
anévrismes de la peur

Taxi

taxi !

je saute dans un taxi
en marche qui m'emmène
en vitesse au loin

le compteur numérique
roule ses r
je fouille dans mes poches
gouffre monétaire
mes doigts se désintègrent

je suis à bout de sous
momentanément
je sue
abondamment
je susurre
le mal à l'aise
qui s'étend

je supplie qu'on me laisse descendre
marcher dans la nuit
dans les allées
sur les trottoirs
dans la jungle de la ville

emporte-moi

taxi emporte-moi
à 2000 piastres de l'hiver
à 5000 piastres de la neige
à la limite du taximètre
je ne parlerai pas
serai silencieux jusqu'au soleil
jusqu'à la fonte des glaces

jusqu'au solstice d'été

les sentiers de la vie

le compteur du taxi brille
projette dans la cabine
des graffitis lumineux

les chiffres fantômes
changent se superposent
l'un à l'autre
ils flottent enchaînés
à la machine par les diodes
au lourd carcan de la méthode

la lumière entre
dans la caverne de mes pensées
les lanternes et les torches
dans les tunnels du sens

le taxi s'arrête

le soleil de la somme à payer
illumine l'intérieur
je vacille dans le flou
du lever du jour
des aurores boréales
dansent au plafond
dans les sentiers
de la vie en suspens

Automobile

vacillement

au volant et pendant
que je conduis
de tunnel en tunnel
au volant sans voler
en restant près du pavé
perdu dans la musique
qui envahit l'habitacle

cette bulle qui flotte
un insecte qui butine
au milieu de tous ces échangeurs
fleurs géantes en béton

la pluie se met à tomber
la nuit s'installe sur la route
les lumières devant
clignotent
on dirait des lanternes
sur les patios
l'été

cascade

c'est motorodéo
la vitesse
en passant go
en fonçant vers la rampe
en s'envolant au-dessus
des trous de la vie
l'accélérateur au plancher
de la vie

afflux

sur les artères immobiles
des villes en mutation
dans le brouillard du matin
le smog de la pensée
dans le flux et le reflux
de cette vie productive
ça roule
sans cesse sans pause

le mouvement ***slow***

d’échangeur en échangeur
de bretelle en bretelle
je me tape la voie rapide
je m’épate d’avancer
aussi vite qu’une tortue

dans le fracas des records
la cohue du surplace
je sors de mon bolide
marche au milieu
de l’échangeur en trèfle
à quatre feuilles

d’autres comme moi
oubliant le but de la route
et l’urgence des rendez-vous
remplissent leur panier de fleurs

glissements

dans la cinématographie de cette route
ce désert sans fin
le disque compact de Ry Cooder saute
un contrepoint binaire
à l'immense beauté du néant asphalté

décollage

la campagne défile
en séquences animées

la trompette-cobra de Miles Davis
sort sa tête du lecteur CD
et s'étire sur le tableau de bord

une courbe se dessine
à l'horizon
en contre-jour
une tempête

le serpent saute
à mon cou
son venin chaud
brûle ma peau

le vent se lève
la Taurus s'envole
dans le nuage vert du poison
qui m'enveloppe

hypnose

hypnotisé par la route
par les flocons
qui s'écrasent sur le pare-brise
les lumières de la ville
qui s'étendent et se dilatent
dans la condensation

l'air chaud
des conduits
d'aération
embrasse les occupants
dans un fou rire ahuri

les essuie-glaces
blé des champs vitrés
dansent langoureusement

nids-de-poule

je m'abreuve dans les trous d'eau
qui pullulent dans la rue
chaque puits
miroir sur la route
reflète les nuages
au ralenti de ma vie
j'ai soif
je bois à l'envers

l'asphalte bubonique
explose au printemps
et le gravier un pus
remonte à la surface
la terre se retourne
dans le grand moulinet de la vie
se lève   s'habille   s'en va
l'asphalte visqueux
vacille un instant
dans les décombres
pendant que les automobilistes
esquivent les fosses
les gouffres sans fond

un nuage indécis s'effiloche
en lambeaux de bruine
caresse la terre
cajole la crasse

sempiternellement

appuyer sur le champignon
envoyer l'aiguille hallucinogène
du tachymètre
au ciel

l'ange sur le tableau de bord
les dés de la chance sous le miroir
se font protecteur
rien à craindre

entendre
un pneu
exploser de joie
dans le no man's land

s'arrêter

sortir le cric
réparer le choc
heureux sur l'accotement
debout
perdu mais heureux
sur la route
un acteur dans une bande-annonce
en forme de Möbius

passage

dans le rétroviseur
la route ne cesse de rétrécir
je m'étonne
comment ai-je pu passer au travers ?

j'arrive de nulle part
du point de fuite du passé
roulant
vers le point de fuite de l'avenir
une main à 10 h
l'autre à 14
les allers-retours
sans fin du balayage radio
la rigueur de l'odomètre
qui ne cesse d'additionner
d'accumuler

le temps de penser
à dépenser l'essence
à démêler le sens de la vie
au but de chaque voyage
bien encadré par les garde-fous rutilants

soleil couchant

la liberté
la vitesse
le moteur vroum
vroum le rêve d'échapper
à la sévérité grandissante du monde

léger combustible
carburant vaporeux
tarmacadam chaman
l'épaisseur de l'asphalte
détermine ici l'idée du pays

la route
sinueuse
la courbe
langoureuse
la poussière
laissée derrière
la beauté du soleil couchant

fragments de bonheur

la vie en sursauts
petits bonds
dérisoires

la vie en accéléré
fragments de bonheur
de la fumée dans un bar

la nuit
flotte au plafond
la vie
en suspens
au-dessus d'un gouffre
sur l'autoroute
au volant d'une Trabant
tremblante sur l'autobahn de la mémoire

un bolide incertain
une fumée bleue
une odeur de caoutchouc

la colère des bosquets

je respire
l'air du jour
l'air palpable de la ville
l'air vicié du smog
une présence de plus
dans l'échiquier
des exploits scientifiques

je respire
le bonheur des bulldozers
la colère des bosquets
l'oasis dévorée
les camions rutilants
les egos du malheur

je respire l'air vicié
des grands projets
l'air raréfié du monde meilleur

Train

les initiales abandonnées

je ferme les yeux
j'entends le bruit
des trains sur les rails
le métal qui grince
les freins qui serrent
ballottement continuel

je deviens la voix
grincement
qui transperce la ville
le fer implacable
qui gémit étendu de tout son long
s'échauffe sous la pression

je deviens le wagon
recouvert de graffitis
le nuage aérosol
qui flotte suspendu
multicolore dans la nuit monochrome

je suis les initiales abandonnées
dessinées à la hâte
sur les parois de métal
et les murs de ciment
la bombe endormie dans le fossé
le tunnel et l'écho du diesel
le crépitement de l'électricité

je suis cette tasse de café
dans le wagon-restaurant
ce drap bien plié
dans le wagon-lit
ce reçu dans mon portefeuille

je vois du train
qui m'emmène
les billets déchirés
qui tournoient sur les quais
montent poinçonnés vers le ciel
comme des oiseaux libérés

looping

la vie est une boucle
qui s'enroule autour de moi
rebondit et m'emporte

la vie un train
sans conducteur
aux commandes

la vie grande vitesse
secoue tout sur son passage

la vie grand choc
attache-toi au plafond
j'enlève la voûte céleste

la vie est une boucle
qui s'enroule autour de moi
l'onde de son choc
une bourrasque
qui me décoiffe

TaTacTaToum

le paysage défile en accéléré
la lune lampe de poche
un projecteur dans la steppe du cœur

le train m'emmène au loin
TaTacTaToum
le balai est métallique
TaTacTaToum
le cœur une caisse claire
TaTac
le bruit du frottement
une caresse
TaToum

le voyage est un métronome
le temps du monde
tempo agitato

la pluie tombe au ralenti

le rêve d'être ailleurs

le train avance
au milieu d'un bruit de balais
sur la peau tendue des tambours de la terre

j'ai les essieux dans les jambes
je transperce le train-train quotidien
le glissement de terrain de la vie

un train revient de Sibérie
le *Ghan* traverse la plaine
le rêve d'être ailleurs

le faisceau de lumière
éclaire la voie
la lune se lève en accéléré

le train ne s'arrête à aucune gare

coloriage

un train
de marchandises
faites en chine
à l'encre de chine
dégouline sur la voie ferrée

ce lavis gâché
déteint sur l'immense paysage
des vies bien remplies

un hobo
un zonard
saute sur
le convoi
qui disparaît
à l'horizon
on dirait un pigment de couleur
se diluant lentement dans la nuit

Bateau

à la dérive de l'insouciance

un paquebot à l'horizon
boite sur les eaux houleuses
pendant que le vent
du large
souffle dans les voiles du rêve
que nous tenons raides
au-dessus de nos têtes

le radeau s'éloigne du rivage
du mirage où nous étions étendus
la marée montante
efface nos silhouettes
encore endormies sur le sable

les pieds dans l'eau maintenant
dans le clapotis de s'en aller
à la dérive de l'insouciance
à la merci de la liberté

roulis

j'arrive à l'océan
l'horizon n'est qu'une ligne
un trait de crayon
une éraflure infirme

sur ce dessin
une éclaboussure se meut
un marin sans doute
infime sans bateau
divague solitaire
synchronisé avec la houle
il apparaît disparaît
au gré de la tempête

sa silhouette s'échoue
dans le roulis de mon regard
il pourrait se noyer
dans l'impossible
s'abîmer sur le récif
des difficultés quotidiennes
le voilà qui nage
s'accroche à la vague
au remous du monde
il s'en sortira
c'est un batailleur
il ira chez lui manger
une soupe chaude

mes pieds sont froids
mes mains déjà gelées
la lune presque pleine
sur une mer grise
comme le métal
d'un bouclier guerrier

Avion

Laïka

dans le jardin de la capsule pressurisée
je pense à *Laïka*
la chienne astronaute
l'aboyeuse-cosmonaute
morte quelques heures après son départ
suffoquée prisonnière dans son Spoutnik
trahie

je regarde des hublots
l'océan qui s'étend
à perte de vue
au-delà de ma cécité
de ma nécessité
je n'ai jamais réalisé
à quel point la nuit pouvait être immense

mon cœur de passager
bat avec celui des autres
à l'unisson
dans une eurythmie discrète rassurante
nous sommes des timbales cardiaques
gonflées d'espoir

un instant
je crois entendre
un aboiement un murmure
le cœur de *Laïka*
qui geint dans la musique
je m'endors

soleils fluorescents

faire du surplace
sur le tapis roulant
le tapis volant de la vie
au volant de l'inquiétude
dans la courbe de l'existence
envolée

un convoi disparaît
sombre
dans le bruit de l'aérobie
s'enfonce
dans la monotonie
des poulies qui le tirent

le point de fuite
brille devant
respire éblouissant
une utopie où virevoltent les mouches
prisonnières des grands édifices nationaux
captives des soleils fluorescents

dans la musique des engrenages
aveugle
je pense au-delà de la lumière
j'active le pilote automatique du rêve
je deviens léger
plus léger encore
mes souliers de plomb se défont

un grain de sable
me frappe sur la joue
s’accroche à moi un instant
avec ses longs bras d’arène
et repart
je m’envole

altitude

sur la vitre embuée
du hublot de la capsule
des cristaux de glace
se multiplient
s'étendent

dans les fleurs
de cette respiration
une petite théorie du chaos
embrouille la vision
mes doigts touchent la froidure
sans pouvoir l'étreindre

avant de fermer le rideau
je jette un coup d'œil vers la terre
des morceaux de miroirs
épars
des lacs sûrement
comme une variole
sur un beau visage

l'avion gagne de l'altitude
et lentement les lésions
du monde abandonné
se cicatrisent
disparaissent

archipels

Port Vila
Tokelau
Tuvalu
des taches dans l'azur
des clins d'œil
à l'infini qui les entoure

ils sont
du haut des airs
pour nous
déguisés en oiseau
inatteignables
intouchables
impossiblement loins

retour

je dors dans l'avion
qui nous ramène d'où nous venons
je rêve à ces Tupolev
Boeing Airbus
qui se sont écrasés au départ
pulvérisés à l'arrivée
disparus en plein milieu du trajet
sans laisser aucune trace
je vois des morceaux du vol 111 flotter
du vol 4590 brûler

l'avion tremble
poussée par ses 125000 chevaux-vapeur
la cavalerie de mustangs
hennit dans l'air raréfié
pour effrayer la catastrophe
qui nous poursuit

ta main chaude me rassure
une odeur de café
flotte dans la cabine

navigation

la nuit enveloppe le fuselage
de la petite fusée
qui navigue à l'horizontale
au-dessus du milieu
de l'océan Pacifique
entre les atolls et les étoiles

rien à voir

nous sommes
étoile filante
point de lumière
sur un écran radar

rien à faire
sauf fermer les yeux
et se laisser bercer

symbole

peint sur le nez de métal
des avions des escadrilles
tigres volants
œil halluciné
bouche gigantesque affamée
dents de requins
ouvertes sur le monde

image terrifiante de désespoir
symbole d'invincibilité
et d'aberration
elle dévore la nuit qui se pointe
avale le soleil qui se couche

planer

l'avion plane
dans le ciel de nuit
qui a étendu ses bras
autour de la terre
et l'étouffe maintenant
dans un corps à corps

de ma fenêtre j'aperçois
d'autres avions clignoter
d'autres lumières voyager
j'imagine les passagers
le nez collé au hublot
qui regardent la buée
embrouiller l'infini

les turbines résonnent
l'avion bondit un océan

180e méridien

nous voilà détachés de la terre
l'avion se force contre
la ligne imaginaire du temps
coup de poignard
dans le vague
coup de couteau
dans le temps insatiable

le temps piranha
saute des courants-jets
sur chaque instant
le dévore vivant

le temps sans pitié

le temps hyène rieuse
ricane dans la steppe du rêve

le temps vampire
empire le sens éphémère

le temps serpent à sonnette
dans la broussaille du quotidien
enfonce ses longs crochets
injecte le venin de la banalité
dans les vaisseaux sanguins
le poison de la routine
dans le temps
de cette vie

de sable mouvant
émouvant
s'étend
blessé mortellement

l'avion percute le mur invisible
c'est demain

Épilogue

au large des objets perdus

le soleil se lève
miraculé
survivant
il sort des décombres de la nuit

prend ses habits
sa valise
son panache
ouvre la porte
les fenêtres
des maisons
ouvre les paupières
les rêves abandonnés
sur les plages de la vie
à la dérive
au large des objets perdus

les rêves assoiffés
esseulés dénudés de toute valeur
habillés en loques
sous le ciel rougeâtre
avant-coureur des tempêtes

les rêves insistants
dans ce monde
si grand si vaste

ce monde immense
qui s'étend
au-delà de l'entendement
s'épand en couche multiples
par-dessus la logique des bureaucrates
par-dessous la nonchalance
et l'épuisement des penseurs

le vent
souffle sur nous
nous emporte
nous parachutistes en plastique

Table des matières

MIXTE
Papier issu de sources responsables
FSC® C100212
FSC
www.fsc.org

Achevé d'imprimer
en octobre deux mille onze sur les presses
de l'Imprimerie Gauvin, à Gatineau (Québec)